Créer un petit bassin

Dépôt légal : février 2008
ISBN : 978-2-84038-807-4
N° d'éditeur : 48687

Créer un petit bassin

Annette Schreiner

rustica éditions

Sommaire

Avant-propos 7

Sources d'inspiration 8

L'esprit campagne 10
Le clapotis d'un ruisseau 12
Un bain de fraîcheur 14
La mare aux ardoises 16
Une fontaine japonaise 18
Cascade de pots 20
La pierre ruisselante 22
Et si on marchait sur l'eau ? 24
La fontaine au fond du jardin 26
Préfabriqué en bois 28
Une oasis sur la terrasse 30
Bassin urbain 32
Fontaine en étoile 34
Soyons zen 36
Mon bassin secret 38
Petit bassin polyester 40

Les jardins d'eau miniatures 42

Le choix des récipients 44
Floraisons, feuillages et jeux d'eau en pots 48
Les jardins d'eau d'appartement 52

Choisir ses plantes de bassin 54

Les meilleures plantes de bassin 56

Côté pratique 62

L'étanchéité 64
Les secrets d'une eau claire 68
La pompe de bassin 72

Le bassin et la sécurité 74
Calendrier d'entretien 76

Index 78
Carnet d'adresses 79
Remerciements 79

Avant-propos

J'aime m'installer au bord de mon petit bassin dès que j'ai un instant de libre. Je me pose sur le caillebotis, lisse comme un galet, et je laisse mon esprit partir à la dérive. Mon regard se pose d'emblée sur les corolles roses du *Nymphaea* 'Fabiola', superbe et prolifique. Puis il glisse sur leurs reflets magiques, ondulant à la surface de l'eau. Une petite libellule interrompt un instant ma rêverie puis me voilà repartie dans ma contemplation. Je plonge dans le bleu profond du Pontederia, tout en me laissant distraire par les frétillements joyeux des poissons rouges.

Mon bassin n'est pas très grand, à peine 7 m^2, mais c'est un univers en miniature. Intégré dans la terrasse, face aux baies vitrées du salon, je suis aux premières loges pour apprécier ce décor rafraîchissant. Il me fascine à chaque saison, même en hiver, lorsque le givre s'accroche aux herbes aquatiques et aux graminées plantées sur les berges. Les oiseaux familiers et les chats des voisins sont eux aussi attirés par mon oasis et leur rencontre est toujours cordiale. Même les grenouilles viennent parfois nous rendre visite. Mais ce qui me comble le plus, c'est de voir comment mes amis, lorsqu'ils passent à la maison, semblent magnétisés par mon bassin. Tout le monde s'ancre face aux nénuphars !

L'eau, quelle que soit sa mise en scène, a ce pouvoir de fascination : bassin, fontaine, ruisseau, potée aquatique..., même les réalisations les plus modestes et minimalistes. C'est ce que je vous propose de découvrir au fil de ces pages.

Annette Schreiner

Sources d'inspiration

Sélectionnés pour répondre aux exigences des plus petits jardins, voire des cours, des patios et des terrasses, ces exemples de bassins surfent sur la diversité des styles. Présentés comme une recette de cuisine, avec la liste des ingrédients et les secrets de réussite, ils peuvent être personnalisés pour s'intégrer dans votre cadre de vie. Leurs points communs : le charme et la simplicité de réalisation.

L'esprit campagne

Ce petit bassin cerné d'anciennes traverses de chemin de fer nous plonge avec bonheur dans une atmosphère à la fois sereine et nostalgique. Son secret : la sobriété du décor.

En pratique

Profondeur : environ 0,50 m
Largeur : 1,30 m
Grande longueur : 2 m
Petite longueur : 1,50 m

Feutre géotextile : il est imputrescible et résistant aux poinçonnements. Placé sous la bâche souple d'étanchéité, il la protège des petits cailloux pointus ou des racines.

Ce qu'il vous faut

Traverses de chemin de fer • Pierre plate creusée d'une rigole • Pompe immergée • Boîte de raccordement électrique étanche • Tuyau souple d'amenée d'eau • Parpaings • Bâche d'étanchéité • **Feutre géotextile** • Béton • Lattes de fixation en azobé, en polyéthylène recyclé ou en aluminium • Broc en zinc.

Situation

Choisissez un emplacement calme, dans un coin isolé du jardin. Appuyez votre bassin contre un muret, au pied d'un talus ou d'une terrasse surélevée. Donnez-lui une forme géométrique mais originale, en rectangle tronqué. Prévoyez un dégagement à l'arrière-plan du bassin pour placer la petite rigole amenant l'eau. Exposition : soleil ou mi-ombre, à l'écart des grands arbres.

Installation

Creusez l'emplacement du bassin jusqu'à environ 60 cm de profondeur. Les parois verticales sont maintenues par un muret en parpaings. Pour l'étanchéité, étalez d'abord le feutre géotextile de protection puis la bâche souple. Installez les traverses, à plat sur le pourtour du bassin, verticalement sur la partie en appui contre le talus. Une tronçonneuse vous sera utile pour les découper à la bonne longueur. Placez une pierre creusée en rigole à l'arrière du bassin. Elle servira à canaliser l'eau circulant en circuit fermé à l'aide d'une petite pompe placée au fond du bassin. Symbolique, le vieux broc en zinc ajoute une touche de déco.

Plantations

Cultivez l'esprit jardin de grand-mère en privilégiant des plantes de style « rétro » comme l'alchémille ❶ (fleurs vert chartreuse), *Erigeron mucronatus* ❷ (minuscules marguerites roses), la lavande ❸ (fleurs bleues parfumées) et la potentille 'Abbotswood' ❹ (fleurs blanches). Dans un angle du bassin, immergez sous environ 10 cm d'eau une belle potée de sagittaires ❺.

Le clapotis d'un ruisseau

En pratique

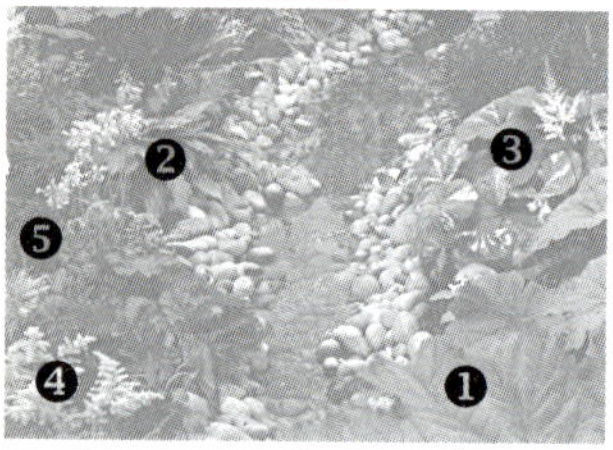

Longueur : 3 m ou plus	
Largeur : environ 0,50 m	
Profondeur : 0,15 m	

Je conseille

« En terrain meuble, les ***rives*** *du ruisseau risquent de s'affaisser et d'entraîner des fuites d'eau. Dans ce cas, je préconise de stabiliser le sol, avant d'étendre la bâche d'étanchéité, avec des galets, des briques ou une petite fondation en béton. »*

La douce mélodie de l'eau se faufilant sur un lit de galets aux rondeurs reposantes, c'est un peu la bande son du jardin. Comme si vous aviez apprivoisé un petit torrent de montagne !

Ce qu'il vous faut

Galets de différents calibres • Graviers • Ciment • Feutre géotextile • Bâche souple d'étanchéité • Pompe immergée • Tuyau souple d'amenée d'eau • Boîte de raccordement électrique étanche.

Situation

Une dénivellation de terrain – rocaille, talus, vallonnement – est l'occasion rêvée pour mettre en scène un ruisseau. Selon le degré de la pente, l'eau s'écoulera en douceur ou en cascade. Pour profiter de son effet relaxant, prévoyez une zone de détente à proximité : terrasse, pelouse, tonnelle... Un bassin ou un réservoir doit obligatoirement être prévu au point le plus bas pour recueillir l'eau du ruisseau.

Installation

Déterminez le tracé à l'aide de piquets et d'un cordeau ou d'un tuyau d'arrosage. Creusez le lit du ruisseau sur environ 15 à 20 cm de profondeur. Découpez la bâche souple d'étanchéité et le feutre géotextile de la largeur du ruisseau à laquelle vous ajouterez 60 cm, 30 cm étant nécessaire pour border chacune des deux **rives**. Vous pouvez couper la bâche en plusieurs morceaux pour la souder ou la coller de manière à couvrir le ruisseau sur toute sa longueur en suivant éventuellement ses méandres.

Installez une **pompe** immergée au fond du bassin situé en contrebas et reliez-la à un tuyau qui remontera l'eau jusqu'à la source du ruisseau. Dissimulez la bâche sous des galets et des graviers. Commencez par les répartir sur la partie basse du ruisseau en remontant jusqu'à la source. Calez dans du ciment les éléments risquant d'être déplacés au passage de l'eau.

Plantations

Les berges du ruisseau peuvent accueillir de nombreuses plantes appréciant les terrains frais et humides. Des vivaces à feuillage décoratif : Gunnera ❶, hosta ❷, *Petasites hybridus* 'Variegatus' ❸... Ou à floraison colorée : astilbe ❹, iris du Japon, primevère ❺, renouée, trolle... Disposez-les par groupes de 3 plants environ. Sur les parties les plus en pente, formez des encoches de plantation maintenues par des galets pour retenir la terre.

mémo

Pour choisir la **pompe** chargée de remonter l'eau du point bas (bassin), vers le point haut du ruisseau (source), mesurez la hauteur de la dénivellation, la longueur et le diamètre du tuyau reliant la pompe à la source. Ces éléments vous serviront à déterminer la puissance et le débit nécessaires.

Un bain de fraîcheur

La forme circulaire de ce bassin nous rappelle le charme des vieux puits sans en avoir toutefois la profondeur vertigineuse. Elle s'intègre en douceur dans une terrasse.

En pratique

Diamètre : 1 m

Profondeur : 0,40 m

Ce qu'il vous faut

Briques en béton ou en terre cuite • Feutre géotextile • Bâche d'étanchéité ou bassin préformé en polyester • Béton • Ciment à joint.

Situation

Ce rond d'eau rafraîchissant trouve sa place aux abords de la maison, sur la terrasse, dans une cour ou un patio. Avec charme, il apporte une note de fantaisie dans l'uniformité du dallage.

On peut également imaginer le bassin sur une pelouse, à condition toutefois de l'intégrer dans un espace intime, clôturé par un muret, une palissade ou une haie.

Installation

Pour des raisons pratiques, il vaut mieux programmer la réalisation du bassin en même temps que la mise en place du dallage de la terrasse. Le plus simple est d'enterrer un bac étanche en polyester, mais vous pouvez aussi utiliser une bâche d'étanchéité posée sur un feutre géotextile. Dans les deux cas, le niveau du bassin doit permettre d'ajuster la bordure en briques au niveau du dallage.

Les briques disposées avec soin pour réaliser un cercle parfait reposent sur un lit de béton et masquent les bords du bassin. Prévoyez de les laisser dépasser de 5 cm en surplomb.

Il existe des kits prêts à poser en pierres reconstituées pour les petits bassins circulaires.

Plantations

Pour intégrer ce petit bassin dans un bel écrin de verdure, privilégiez les plantes vivaces à feuillage décoratif. Les hostas ❶ disposées en touffes généreuses contrastent avec la silhouette effilée des iris de Sibérie ❷, la dentelle verte des *Dicentra formosa* ❸ et la couleur pourpre des *Ophiopogon* ❹. Pour satisfaire ce petit monde, offrez-leur une exposition mi-ombragée et un terrain frais, enrichi en humus. Au centre du bassin, n'hésitez pas à immerger une belle potée de **nénuphar** miniature ❺.

mémo

Pour voir fleurir un **nénuphar**, il faut au minimum 40 cm de profondeur. On pose le bac de plantation sur le fond, ainsi les rhizomes seront protégés des risques de gel.

La mare aux ardoises

En pratique

Diamètre : 3 m

Profondeur : 0,60 m

Pas besoin d'un grand jardin pour reproduire en miniature l'atmosphère naturelle d'un étang… et ouvrir ce petit paradis aux grenouilles, libellules et oiseaux du quartier.

Ce qu'il vous faut

Bâche d'étanchéité souple • Feutre géotextile • Dalles et pétales d'ardoise • Filtre • Pompe immergée • Tuyau • Boîte de raccordement électrique étanche • Béton.

Situation

Ce petit bassin reflète avant tout le caractère écologique du jardin et doit donc s'y intégrer le plus naturellement possible. L'emplacement idéal vous apparaîtra comme une évidence : pas trop loin de la maison, visible depuis vos fenêtres pour mieux en profiter, dans le prolongement d'une aire de repos. Évitez la présence d'un grand arbre à proximité. En ville ou à la campagne, peu importe, les oiseaux et la faune habituelle de lieux aquatiques s'approprieront avec bonheur ce petit coin de fraîcheur.

Installation

L'emplacement du bassin est creusé en forme de cuvette, la partie la plus profonde se trouvant au centre, les côtés remontant en pente douce ou par paliers. La terre extraite, utilisée pour former un talus, sert d'appui au bassin et accueille une petite cascade. Cette dernière est facultative.

Une assise en béton doit être coulée au préalable sous les dalles en ardoise du gué. L'étanchéité est réalisée par

Je conseille

« Pour maîtriser certaines espèces de rivage très envahissantes – carex, jonc, glycérie, massette, roseau… –, je préfère les installer séparément dans des grands pots que j'immerge à faible profondeur sur le palier de la berge. »

une bâche souple reposant sur un feutre géotextile, sur toute la surface du bassin et également sur la largeur des berges. Les pétales d'ardoise reposent sur un feutre géotextile dans lequel sont ménagées quelques encoches de plantation.

Plantations

Installez les plantes vivaces couvre-sol ❶ – fougère, hosta, cardamine des fontaines– pour former un écrin de verdure autour du bassin. Remplissez de terre argileuse la réserve de plantation sur la berge immergée et mettez-y en scène les espèces vivant les pieds dans l'eau ❷ : acore, jonc, massette naine, prêle, sagittaire... La plage couverte de pétales d'ardoise ❸ reste sèche et doit être garnie de plantes résistantes. Ici du thym rampant ❹ et des fraisiers des bois ❺.

mémo

Les grenouilles et les oiseaux viendront plus facilement animer votre bassin s'ils disposent d'une rampe d'accès inclinée, d'une plage en pente douce ou de quelques dalles au ras de l'eau.

Une fontaine japonaise

En pratique

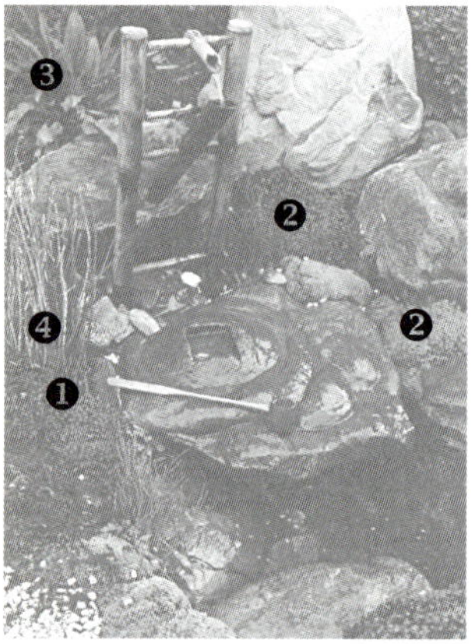

Hauteur : 0,80 m

Longueur : 1 m

Largeur : 0,80 m

Je conseille

*« Je veille à bien caler la grosse **pierre** en grès. En terrain meuble, je n'hésite pas à couler une assise en béton d'environ 20 cm d'épaisseur. Au niveau de la pierre, je protège le dessous et le dessus de la bâche d'étanchéité avec deux ou trois épaisseurs de feutre géotextile. »*

Dans un coin secret du jardin, le doux murmure d'une source rythmé par le claquement sec d'un bambou crée une ambiance étrange et relaxante.

Ce qu'il vous faut

Échelle en bambou • Deux tronçons de bambou de gros diamètre • Belle pierre plate en grès • Quelques roches • Tuyau souple • Bâche d'étanchéité souple • Feutre géotextile • Pompe immergée • Boîte de raccordement électrique étanche • Galets.

Situation

Pour profiter de la sérénité de cette fontaine japonaise – *shishi odoshi* –, choisissez un endroit intime, tels un patio, une cour ou un coin-terrasse protégé de palissades ou treillages. L'esprit japonisant du jardin doit se prolonger dans son environnement proche avec des plantes graphiques comme des bambous, des érables japonais et des graminées. Une exposition ombragée accentuera l'esprit mystérieux de cette création.

Installation

La fontaine repose sur une bâche d'étanchéité formant un petit bassin à deux niveaux. Une partie haute reçoit la **pierre** plate posée légèrement en pente pour que l'eau s'écoule dans la partie la plus creuse en contrebas. La pompe immergée placée au niveau le plus bas remonte l'eau au sommet de l'échelle en bambou. Le tuyau d'amenée d'eau est dissimulé le long de la pierre plate et passe dans le montant de l'échelle. L'eau s'écoule dans un autre bambou pivotant sur l'axe du barreau de l'échelle. Une fois rempli d'eau, il bascule et se déverse en venant frapper sur la pierre plate. L'eau circule en circuit fermé.

Plantations

Un bourrelet de terre argileuse masque la bordure de la bâche d'étanchéité. Elle accueille diverses plantes de terrain humide, des tapis de mousses ❶ et d'helxine ❷, des petites fougères ❸, des prêles ❹. Plantez ces dernières dans des conteneurs enterrés pour limiter leur expansion.

mémo

Les fontaines à bascule ou *shishi odoshi* produisent un claquement sec et retentissant lorsque le bambou frappe la pierre. Au Japon, elles étaient utilisées pour éloigner les animaux indésirables des cultures. Chez nous, elles font partie des éléments décoratifs très tendance. On les trouve prêtes à installer dans les jardineries.

Cascade de pots

De belles vasques disposées en escalier, un rideau de feuillage léger à leurs côtés et une pompe immergée, il n'en faut pas davantage pour créer ce jeu de cascades japonisant.

En pratique

Hauteur et diamètre de chaque vasque : de 0,40 à 0,50 m

Encombrement total de l'installation : L : 1 m – l : 1,50 m H : 0,80 m

Je conseille

*« Les **vasques** en grès émaillé risque d'être détériorées par le gel. En hiver, je les vide, les retourne et les utilise comme support pour mettre en valeur des floraisons hivernales : bruyères et mini-cyclamens. »*

Ce qu'il vous faut

2 poteries en grès émaillé à l'extérieur et à l'intérieur • Parpaings ou rondins en bois • Pompe immergée • Tuyau d'amenée d'eau • Boîte de raccordement électrique étanche • 3 petits morceaux de bambou d'environ 20 cm de longueur et 2 cm de diamètre.

Situation

Sur une terrasse, un grand balcon, un patio ou dans un petit jardin, avec un arrière-plan tel qu'un mur, une palissade ou un treillage comme point d'appui. Une exposition abritée du grand soleil est à privilégier pour éviter de brûler les feuillages délicats des érables japonais autour des vasques. Au pied des cascades, vous pouvez compléter votre décor avec une troisième petite vasque, non reliée aux autres, dans laquelle vous laisserez flotter des jacinthes ou des lentilles d'eau. Disposez aussi quelques galets.

Installation

Bouchez le trou de drainage des **vasques**. Attention, si l'intérieur n'est pas émaillé, il faudra l'enduire d'un revêtement imperméabilisant, en vente dans les grandes surfaces de bricolage.

Installez des parpaings ou un support de votre choix pour surélever la vasque en arrière-plan au-dessus de celle placée au niveau du sol. Une dalle en caillebotis placée sous les vasques suffit pour masquer votre installation.

Fixez contre le mur en arrière-plan ou sur un poteau le tuyau d'amenée d'eau que vous dissimulerez dans un petit morceau de bambou. Percez deux trous dans la

vasque placée en hauteur à environ 2 cm du bord, en façade, et glissez-y deux morceaux de bambou. Installez la pompe immergée dans la vasque du premier plan et reliez-la au tuyau d'amenée d'eau arrivant en hauteur au-dessus de la vasque la plus haute. Masquez le tuyau et le fil électrique de la pompe sous les feuillages.

Plantations

L'objectif est d'intégrer les vasques dans un écrin de feuillage dense et léger : érables japonais ❶, *Nandina domestica* ❷, cornouiller ❸... Ces arbustes d'ornement peuvent être plantés directement dans le sol ou être installés en pot, dans un mélange de terre de bruyère et de terre végétale.

La pierre ruisselante

Un voile d'eau translucide s'écoule en chantant sur cette ancienne meule posée sur un plan incliné. Une façon originale pour évoquer la présence d'une source.

En pratique

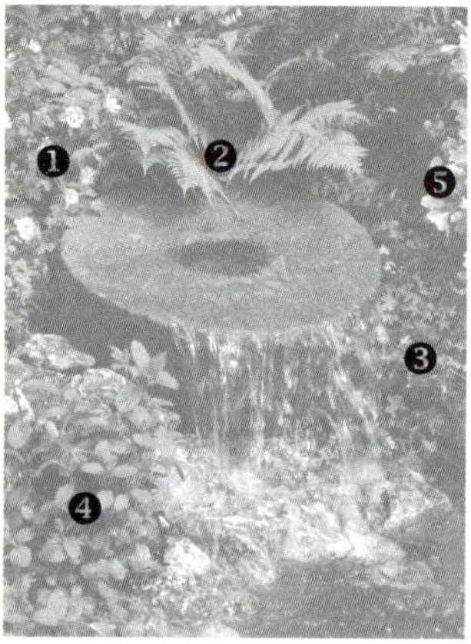

Meule de 40 à 50 cm de diamètre

Ensemble du décor : environ 1 m^2

Ce qu'il vous faut

Une ancienne meule en pierre ou une reconstitution en résine et fibre de verre • Au choix : un petit bassin préformé ou une bâche souple d'étanchéité et un feutre imputrescible • Pompe immergée • Tuyau d'amenée d'eau • Boîte de raccordement électrique étanche • Galets.

Situation

Charmante et peu encombrante, cette mini-scène aquatique est une idée facile à adapter dans un petit jardin urbain, une cour ou sur une terrasse. Il lui faut un point d'ancrage, contre un mur, un muret ou une palissade. Peu importe l'exposition. Évitez seulement le soleil brûlant, pour ne pas griller les feuillages plantés autour de la meule.

Meule version jet d'eau : préférez un modèle en résine, plus léger à soulever.

Installation

Sous la meule, prévoyez une fondation stable en sable compacté ou en béton, légèrement inclinée vers le petit bassin placé en contrebas. Celui-ci sert à recueillir l'eau de la cascade et à installer la pompe immergée chargée de remonter l'eau au niveau du trou central de la meule. Creusez un trou devant cette dernière pour installer le petit bassin préformé en plastique ou la bâche d'étanchéité posée sur le feutre de protection. Masquez le câble d'alimentation électrique de la pompe et le tuyau d'amenée d'eau sortant du bassin entre des galets ou dans les feuillages.

Plantations

Intégrez la meule dans un décor de feuillage et de fleurs se plaisant en sol frais, à mi-ombre : ancolie ❶, fougère ❷, lierre à petites feuilles ❸, menthe ❹, rhododendron nain ❺... Enrichissez la terre de plantation avec du terreau ou de l'humus et installez un système d'arrosage goutte à goutte pour maintenir un milieu humide au pied des plantes.

Je conseille

« Pour éviter les fuites d'eau, je préfère utiliser une bâche souple d'étanchéité et la déployer sous la meule jusqu'au niveau du petit bassin. »

mémo

Une meule ruisselante, avec sa partie sèche et son filet d'eau offre des conditions idéales aux oiseaux du jardin cherchant à se désaltérer ou à se rafraîchir.

Et si on marchait sur l'eau ?

En pratique

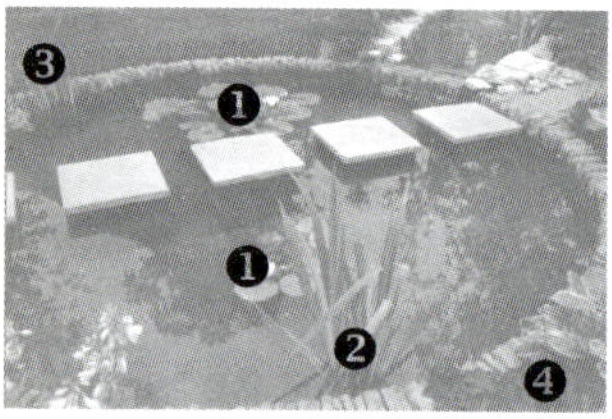

Bassin rond d'environ 3 m de diamètre

Profondeur : 0,40 m

Dalles du gué : 0,40 m de côté

Un défi facile à relever à condition d'y penser dès la réalisation du bassin, les plots supportant les dalles du gué devant être posés sur une fondation bien stable.

Ce qu'il vous faut

Béton armé • Bâche souple d'étanchéité • Feutre géotextile • Regards en béton • Peinture noire d'étanchéité • Dalles carrées.

Situation

Intégré dans la pelouse, ce bassin circulaire rompt l'effet couloir d'un petit jardin en longueur. Il est placé à l'écart de la terrasse et de la maison, pour créer un pôle d'attraction naturel et reposant. Un sentier cheminant entre des buissons d'arbustes conduit jusqu'à ce point d'eau, qu'il chevauche par un gué en pointillé, puis il se prolonge jusqu'au fond du jardin. Ce bassin de style contemporain et classique s'harmonise dans toutes sortes de situation, en ville comme à la campagne.

Pour un damier, on alterne dalles et potées de cresson de fontaine.

Installation

Commencez par repérer les emplacements des regards en béton utilisés pour supporter les dalles du gué. Ceux-ci doivent être espacés d'environ 15 à 20 cm. Calculez en même temps la profondeur du bassin de telle sorte que les dalles émergent de 5 à 10 cm au-dessus du niveau de l'eau.

Prévoyez une fondation en béton armé d'environ 15 cm d'épaisseur sous les regards. Étalez le feutre géotextile et la bâche d'étanchéité. Posez parfaitement de niveau les regards en béton, préalablement peints en noir pour les rendre plus discrets. Scellez avec du béton les dalles carrées formant le gué.

Plantations

Des potées de nénuphars ❶ sont déposées au fond du bassin, de chaque côté du gué. Ce dernier permet d'accéder plus facilement auprès des plantes pour la mise en place des pots et l'entretien des plantes. Sur les berges du bassin, dans des pots surélevés sur quelques briques, les iris d'eau ❷ sont immergés à faible profondeur. La forme circulaire du bassin est soulignée par la partie engazonnée ❸ et la bordure de plantes vivaces ❹.

Je conseille

« Pour éviter d'endommager la bâche d'étanchéité au niveau du gué, j'utilise des chutes de feutre géotextile. Je découpe des carrés de la taille des regards en béton et je les pose sur trois épaisseurs, sous et sur la bâche. »

La fontaine au fond du jardin

En pratique

Bassin en briques : 0,70 m de côté

Hauteur : 0,40 m

Mascaron posé à environ 30 cm au-dessus du niveau d'eau du bassin

Mascaron : figurine ou masque, en pierre ou en fonte. On en trouve chez les antiquaires, dans les jardineries ou chez les spécialistes en déco « jardin ».

Un filet d'eau surgit d'un mascaron en pierre taillée et se jette dans un petit bassin surélevé en briques. Ambiance romantique assurée.

Ce qu'il vous faut

Briques plates de récupération • Dalles rectangulaires pour la margelle • Sable et ciment pour les joints • Béton pour les fondations • Feutre géotextile • Bâche souple d'étanchéité • **Mascaron** en pierre (ou en fonte) • Tuyau en plastique noir utilisé pour l'arrosage au goutte à goutte • Pompe immergée • Boîte de raccordement électrique étanche.

Situation

Une cour, un patio, un jardin de poche, tout espace intime et secret accueillera avec bonheur ce style de fontaine murale. Préférez une exposition ombragée pour accentuer l'effet rafraîchissant. Cette installation s'appuie obligatoirement sur un mur de clôture ou de construction. Elle doit s'intégrer dans son environnement, aux abords des zones construites : terrasse, dallage, coin-repos...

Installation

Montez les murs en briques sur une petite fondation en béton. Tapissez l'intérieur avec la bâche d'étanchéité en laissant une bordure suffisamment large pour la coincer sous les dalles posées en finition. Installez le tuyau du recyclage de l'eau entre la pompe et la bouche de la sculpture avant de fixer cette dernière. Masquez le tuyau et le fil électrique de la pompe sous les feuillages. Évitez de positionner le mascaron à plus de 30 cm au-dessus du bassin pour que le chant de la chute d'eau reste doux.

Plantations

Un lierre ❶ habille le mur d'appui de la fontaine. Pensez à le tailler régulièrement autour du mascaron. Aucune plantation aquatique n'est prévue dans le réservoir en briques. Il serait possible d'y accueillir des lentilles ou des laitues d'eau, qu'on laisserait flotter en surface. Le sol peut être engazonné ❷ ou garni d'helxine, une plante couvre-sol douce comme de la mousse, idéale pour les situations humides et ombragées.

mémo

Il existe des bassins préformés rectangulaires. Vous pouvez les utiliser à la place de la bâche souple et les habiller de briques de la même manière.

Préfabriqué en bois

Vendu en kit, ce petit bassin octogonal s'installe en deux temps trois mouvements sur une terrasse. Un jet d'eau, trois poissons rouges, quelques feuillages, paré pour l'été !

En pratique

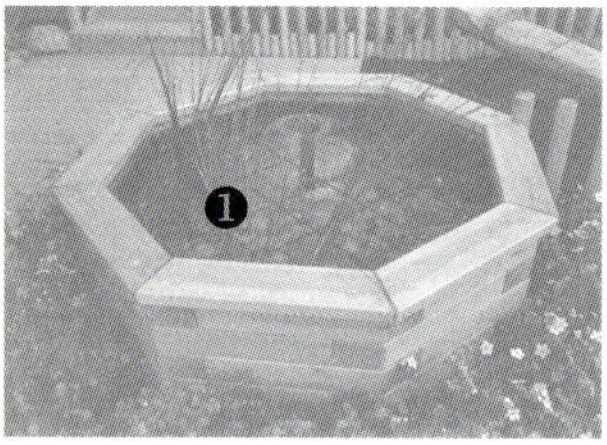

Diamètre : 1,50 m

Hauteur : 0,40 m

Ce qu'il vous faut

Éléments en bois (pin traité ou bois exotique) en kit prêt à assembler • Bâche souple d'étanchéité • Feutre géotextile • Grille métallique de protection • Pompe et jet d'eau • Boîte de raccordement électrique • Galets.

Situation

Ce concept de bassin hors sol est tout indiqué sur une terrasse de plain-pied ou sur un toit d'immeuble. Dans ce cas, il est recommandé de s'informer de la limite du poids à ne pas dépasser par mètre carré. Choisissez de préférence un revêtement de sol en caillebotis autour du bassin.

Installation

Stabilisez la surface du sol avec du sable compacté à l'emplacement du bassin. Montez la structure en **bois**. Vous pouvez parfaitement la réaliser vous-même sur mesure, avec des poteaux en bois et des planches sciées et assemblées avec des tire-fond. Étalez le feutre géotextile de protection puis la bâche souple d'étanchéité au fond et sur les parois, en les remontant de façon à pouvoir les coincer sous les planches de finition. Placez la pompe et le jet d'eau au centre du bassin. Étalez les galets sur toute la surface de la bâche.

Les jardinières rectangulaires, carrés ou hexagonales en pin se transforment aussi facilement en mini-bassins. Il suffit de doubler leurs parois intérieures d'un film en PVC noir puis de fixer ce dernier avec une baguette en aluminium ou en plastique sur le rebord de la jardinière.

mémo

Le pin traité et le **bois** exotique résistent sans problème aux intempéries. Ils sont général garantis 10 ans mais leur durée de vie réelle est d'au moins 15 à 20 ans. Pour leur donner une belle couleur, vous pouvez les traiter avec une lasure ou une peinture microporeuse spécial bois extérieur.

Plantations

Choisissez des espèces graphiques et souples telles que des scirpes ou des joncs ❶ installés dans des pots en plastique ajouré, rehaussés sur quelques briques. Si vous optez pour le jet d'eau, évitez de planter un nénuphar, ce dernier préférant l'eau en repos. La grille rigide installée en surface est un élément de sécurité important si vous avez de jeunes enfants. Discrète, elle sera rapidement masquée par les feuillages des plantes aquatiques.

Une oasis sur la terrasse

En pratique

Longueur : 3,50 m
Petite largeur : 1,60 m
Grande largeur : 2,70 m
Profondeur : 0,45 m

Je conseille

« Ce bassin étant situé à quatre pas de la maison, je craignais les invasions de moustiques. Le mouvement permanent de l'eau circulant vers le filtre et la présence des poissons rouges – ils se nourrissent des larves de moustiques – font que je ne vois pas l'ombre d'un de ces insectes dans les parages. »

Intégré dans l'espace de vie du jardin, ce petit bassin est habité par une tortue et une ribambelle de poissons rouges. Un microcosme captivant dont on ne se lasse jamais.

Ce qu'il vous faut

Feutre géotextile • Bâche souple d'étanchéité • Pistolet à air chaud • Roulette de tapissier • Réglette métallique • Galets • Caillebotis et lames de bois traité • Filtre • Pompe immergée • Lampe UVC • Tuyau souple d'amenée d'eau • Boîte de raccordement électrique étanche.

Situation

Face aux baies vitrées du salon, le bassin fait la liaison entre la terrasse et le prolongement du jardin. Il s'appuie sur une petite haie en saules tressés. La petite largeur est contiguë à une pergola – on distingue ses reflets à la surface de l'eau –, située en contrebas de la terrasse. De cet emplacement, on a une vision privilégiée, au ras des nénuphars !

Installation

Réalisez les parois verticales en parpaings. Laissez le fond en terre battue et recouvrez-le d'une couche de sable fin. Étalez le feutre de protection sur toute la surface – fond et parois – en prenant soin de découper les angles pour éviter les plis.

Positionnez la bâche d'étanchéité, repliez-la puis découpez-la au niveau des angles verticaux. Raccordez les deux parties de chaque angle en les soudant à l'aide d'un pistolet à air chaud. Pressez les deux parties en contact avec la roulette de tapissier. Étalez des galets au fond du bassin. Repliez la bâche sur le bord cimenté du bassin et fixez-la avec des réglettes métalliques. Masquez ces dernières sous les lames de bois et le caillebotis. Installez et raccordez la pompe, le filtre et la lampe UVC.

Plantations

Installez les nénuphars ❶ dans un grand bac en plastique posé au fond et au centre du bassin. Répartissez les plantes de berge – iris des marais ❷, mini-massette ❸, prêle ❹ – également en pot, sur des plots en briques, disposées contre les parois du bassin. En pleine terre sur le rebord du bassin : renouée (*Persicaria* 'Speciosa') ❺.

Bassin urbain

Le tracé rigoureux, les finitions soignées et l'unité des matériaux font le succès de ce petit jardin aquatique habilement intégré dans un jardinet en ville.

En pratique

Carré de 2 m de côté (l'un des côtés est en arrondi)

Profondeur : 0,45 m

Ce qu'il vous faut

Béton • Feutre géotextile • Bâche souple d'étanchéité • Briques • Ciment à joints • Pompe immergée • Filtre • Tuyau souple d'amenée d'eau • Boîte de raccordement électrique étanche • Galets.

Situation

Dans un petit jardin de façade, en ville, l'espace est judicieusement équilibré entre les zones construites – caillebotis, murets, bordures en briques – et les parties plantées. Au centre, la terrasse circulaire est entrecoupée de gazon. Elle est encadrée de plates-bandes surélevées vers le fond du jardin et d'un petit bassin, visible depuis la maison.

Installation

À partir d'un plan précis, reportez sur le terrain toutes les zones de construction : murets, centre de la terrasse et bassin. Creusez ce dernier et réalisez une petite fondation sur ses contours. Stabilisez le fond et étalez une petite couche de sable. Étalez le feutre et la bâche d'étanchéité. Montez ensuite les parois en briques à l'intérieur du bassin, au-dessus de la fondation. Laissez déborder la bâche sur le rebord. Masquez ce dernier par une **margelle** en briques posées à plat. Couvrez la bâche au fond du bassin sous un lit de galets. Installez la pompe immergée, le filtre, la lampe UVC. Autre possibilité : recouvrir les parois en briques d'un enduit hydrofuge et se passer de la bâche d'étanchéité.

mémo

Pour réaliser une **margelle** bien stable et de niveau, coulez au préalable une petite fondation de béton sur le pourtour du bassin.

Plantations

Un nénuphar ❶ flotte en surface. Son pot est placé directement au fond du bassin. Le feuillage effilé et lumineux des *Carex* ❷ contraste avec celui, bien dessiné, d'un *Gunnera* ❸ et d'un *Alocasia* ❹. Les contenants de ces derniers sont relevés sur des briques empilées de manière à affleurer la surface de l'eau. Les deux plantes devront être séparées d'ici un à deux ans pour leur laisser davantage d'espace.

Fontaine en étoile

Tel un geyser, un trait d'eau argenté fuse de cette crevasse en pierres noires. Une idée originale et simple à réaliser, à mettre en scène dans un décor contemporain.

En pratique

Diamètre : 1,50 m

Ce qu'il vous faut

Feutre géotextile • Bâche souple d'étanchéité • Pompe équipée d'un jet d'eau • Boîte de raccordement électrique étanche • Pierres de l'Argentière • Graviers.

Situation

Alternative très tendance de la rocaille, le jardin de graviers simplifie grandement la tâche du jardinier. Sans arrosage, ni désherbage, sa réalisation est aussi beaucoup plus abordable. Pour donner vie à ce décor essentiellement minéral, un petit point d'eau est bienvenu. C'est là tout l'intérêt de cette fontaine, qui apparaît ici comme une sorte de mirage dans le désert ou une irruption volcanique en miniature. Cette réalisation peut s'intégrer dans un tout petit espace ou une partie secrète, protégée par un écran de verdure, dans un grand jardin.

Installation

Égalisez le sol sur toute la zone à recouvrir de graviers. Au niveau de la fontaine, formez une cuvette en pente douce d'environ 2 m de diamètre. Au centre de cette cuvette, creusez un trou circulaire d'environ 50 cm de diamètre et 30 cm de profondeur. Étalez le **feutre géotextile** sur toute la surface devant être gravillonnée. Positionnez ensuite la bâche souple d'étanchéité en lui faisant épouser la cuvette et le trou central. Disposez les pierres noires en étoile puis étalez les graviers sur environ 3 cm d'épaisseur. Positionnez la pompe et le jet d'eau. Dissimulez le câble d'alimentation électrique sous les graviers.

mémo

Le **feutre géotextile** joue deux rôles essentiels. Sous la bâche d'étanchéité, il forme un barrage contre les petits cailloux pointus et les racines risquant de la percer. Sous les graviers, il évite que ces derniers s'enfoncent et disparaissent petit à petit dans le sol.

Plantations

Composez autour de la fontaine un écrin de verdure en harmonie avec son style contemporain. Privilégiez les feuillages graphiques et les formes sculptées : buis taillés en boule ❶, *Carex buchananii* ❷, graminées ❸, érables japonais, prêles, bambous... Pour ces derniers, un barrage de racines (plastique noir enterré dans le sol) est indispensable pour les maintenir dans une zone de plantation précise. Sans ces précautions, les rhizomes peuvent transpercer la fontaine.

mémo

En étalant la bâche d'étanchéité sur environ 2 m de diamètre, l'eau projetée en hauteur est récupérée, même en cas de vent, et redescend vers le trou central où est placée la pompe.

Soyons zen

Sous le regard serein d'un Bouddha en pierre, une brassée de lotus déploie de larges ombrelles de feuillage bleuté d'où fusent d'élégantes corolles blanc laiteux.

En pratique

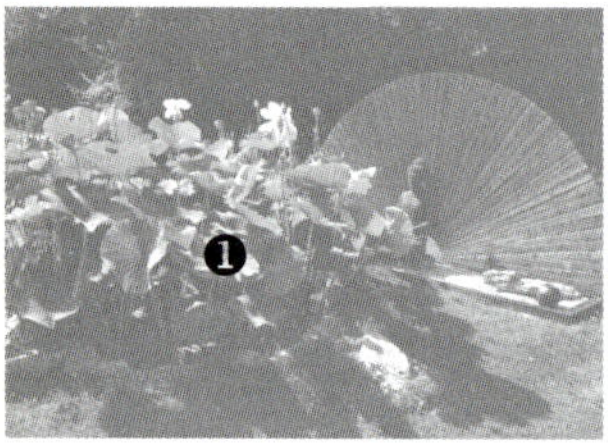

Profondeur de la cuve : 0,70 m

Diamètre : 1,20 à 1,50 m

Ce qu'il vous faut

Cuve ronde en plastique noir • Éventail en bois traité • Ancres métalliques • Poteaux carrés • Béton • Statue en pierre reconstituée • Feutre géotextile • Graviers • Dalle rectangulaire • Bordure en bois.

Situation

Dans un coin du jardin, à l'écart de la maison et des chemins de circulation, cet espace de méditation est isolé par une épaisse haie de bambou et d'arbustes. Cette protection végétale est toutefois interrompue du côté sud car la lumière doit pouvoir pénétrer pour stimuler la floraison des lotus.

Installation

Enterrez la cuve et masquez les bords sous une margelle en dalles. Prévoyez cette mise en œuvre à l'époque des plantations des lotus, en avril-mai ou en septembre. Vous éviterez ainsi de laisser la cuve vide, avec le risque de la voir remonter en surface sous l'effet de la pression de la terre sur ses parois.

En arrière-plan, scellez les trois ancres dans un plot de béton. Ces dernières servent de soutien aux poteaux sur lesquels s'appuie l'éventail en bois. Installez la bordure en bois à environ 50 cm de l'éventail, étalez le feutre géotextile puis recouvrez-le d'environ 5 cm d'épaisseur de graviers. Placez la statue sur une dalle épaisse posée sur les graviers, au centre de l'éventail en bois. Teintez ce dernier avec une lasure rouge brique.

mémo

Dans une cuve enterrée, sous environ 30 à 40 cm d'eau, la partie sensible des lotus - leur rhizome - est protégée des risques de gel. Cette solution permet de voir prospérer cette superbe plante aquatique partout en France, tout en sachant que la floraison sera plus abondante si l'eau parvient à se réchauffer rapidement au printemps.

Plantations

Versez de la terre de jardin sur 20 à 25 cm de hauteur au fond de la cuve. Incorporez-y deux poignées d'amendement organique, deux poignées également de corne broyée (engrais organique), et trois boules d'engrais longue durée (Osmocote). Mouillez bien pour obtenir une boue pâteuse. Recouvrez cette dernière de terre glaise d'environ 15 cm d'épaisseur. Installez le lotus ❶ puis remplissez d'eau. Pour assurer la reprise, préférez un plant en conteneur plutôt qu'un rhizome, fragile et cassant.

Mon bassin secret

Dans cette chambre de verdure à ciel ouvert, ce petit bassin surélevé crée une atmosphère à la fois sereine et rafraîchissante. Le chant de la cascade ajoute une note de gaieté.

En pratique

Longueur : 2 m
Petite largeur : 0,80 m
Largeur centrale : 1,10 m
Hauteur : 0,50 m

mémo

Pour adapter la bâche à la forme géométrique de ce bassin, les professionnels font une coupe et soudent les côtés avec un pistolet à air chaud. Si vous réalisez vous-même ce bassin, repliez simplement la bâche, mais pensez à positionner le pli vers l'intérieur du bassin (côté visible), sinon gare aux fuites.

Ce qu'il vous faut

Béton • Parpaings • Feutre géotextile • Bâche souple d'étanchéité • Planches (pin traité ou Iroko) • Pompe immergée • Boîte de raccordement électrique étanche • Larmier en cuivre • Tuyau d'amenée d'eau.

Situation

La chambre des maîtres de ces lieux s'ouvre, par une baie vitrée, sur cette petite terrasse intime. Conçue comme un patio, elle est protégée par un treillage sur lequel s'appuie le bassin. Les bancs intégrés dans les murets et le sol habillé de caillebotis créent un décor à la fois élégant et confortable. Tous ces éléments trouvent leur place dans cet espace d'une dizaine de mètres carrés seulement.

Installation

Le jardin patio est délimité par des jardinières de plantation de 75 cm de hauteur, réalisées en parpaings. La façade du bassin est également montée en parpaings, avec une encoche d'environ 30 cm de largeur, en face de la cascade. Cette dernière est intégrée dans la jardinière servant d'appui au treillage.

L'étanchéité est réalisée par une bâche souple posée sur un feutre géotextile. La partie supérieure de la bâche est maintenue par une latte en azobé (bois imputrescible) ou en polyéthylène recyclé. L'étanchéité du bassin se prolonge jusque dans la partie supérieure où est placé le larmier de la petite cascade. L'eau de cette dernière est recyclée en permanence par une pompe placée au fond du bassin.

Pour une belle finition, toutes les parties maçonnées sont habillées par des planches de caillebotis.

Plantations

Les plantes aquatiques du bassin sont installées dans des pots en plastique ajouré. Posez à même le fond le nénuphar ❶ et la myriophylle (plante oxygénante). Rehaussez sur des briques les espèces de berge : iris d'eau ❷, caltha ❸... Dans les jardinières encadrant le bassin, disposez des plantes vivaces appréciant l'ombre et la fraîcheur : renouée ❹, pulmonaire ❺, astilbe ❻...

Petit bassin polyester

En pratique

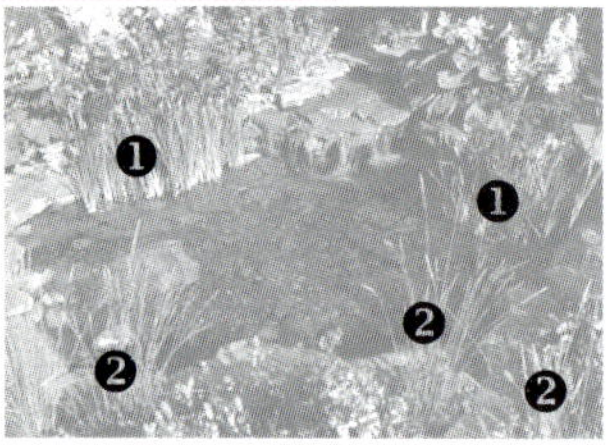

Forme irrégulière d'environ 2,50 m de longueur et 1,50 m de largeur

Profondeur : 0,40 m

Parfaitement intégré dans un écrin de fleurs aquatiques, de feuillages et de roches, ce bassin préformé et rigide créé l'illusion d'une petite mare naturelle.

Ce qu'il vous faut

Tuteurs en bambou ou fers à béton • Tuyau d'arrosage • Plâtre • Briques ou parpaings • Planche • Niveau • Bassin préformé en polyester armé de fibres de verre • Dalles en pierre naturelle • Galets.

Situation

Difficile à intégrer dans les parties construites environnant la maison, ce type de bassin de forme naturelle trouve sa place sur la pelouse ou au creux d'une dénivellation, au pied d'une rocaille ou d'un talus. Une partie du bassin, en arrière-plan, doit être appuyée contre ce mouvement de terrain. En revanche, la partie opposée mérite d'être dégagée et plane pour faciliter l'accès au bord de l'eau.

Installation

Surélevez le bassin sur quelques briques ou parpaings puis fichez dans le sol les tuteurs ou les fers à béton tous les 30 cm environ en suivant son contour. Enlevez le bassin, déroulez un tuyau d'arrosage autour des piquets puis épandez un filet de plâtre en suivant le tuyau. Vous délimiterez ainsi la forme du trou à creuser, qui aura la profondeur du bassin à laquelle vous ajouterez 10 cm.

Éliminez cailloux et racines, puis épandez un lit de sable de 10 cm d'épaisseur. Damez la surface avec une planche en bois avant de positionner le bassin. Vérifiez sa parfaite horizontalité, remplissez-le à moitié d'eau, puis glissez du sable le long des parois pour bien le caler. Masquez les berges avec des dalles en pierre naturelle et étalez les galets au fond du bassin.

Plantations

Remplissez d'un mélange de terre argileuse et de terre de bruyère les encoches de plantation du bassin. Leur faible profondeur limite le choix des espèces, mais les *Iris laevigata* ❶ parviennent à s'en accommoder à condition de faire des apports d'engrais réguliers et de diviser régulièrement les touffes, tous les 3 ans environ. Sur la rive sèche, quelques touffes de fétuques bleues ❷ éparpillent leurs fins plumets.

mémo

La plupart des bassins préformés manquent malheureusement de profondeur et offrent peu de volume pour la plantation des plantes de berge. Pour un jardin aquatique varié et luxuriant, une bâche souple d'étanchéité ouvre plus de possibilités.

Les jardins d'eau miniatures

De plus en plus tendance, les jardins aquatiques répondent à nos envies de fraîcheur et à notre besoin de sérénité. Même lorsque la place est comptée, ils stimulent notre créativité. Recherchez des récipients étanches originaux. Personnalisez-les avec un petit jet d'eau, quelques galets, une libellule lumineuse ou des bougies flottantes. Et offrez-vous les plus belles fleurs aquatiques.

Le choix des récipients

Excepté les baquets en bois, on trouve assez peu de contenants spécifiques pour les plantes aquatiques. Cependant, nombre de récipients peuvent être détournés de leur fonction avec bonheur.

Petite jungle aquatique dans une collection de tonneaux.

Quel que soit votre choix, une profondeur de 30 cm est un minimum pour obtenir un beau volume de feuillage et mettre en scène toutes les plantes aquatiques dont vous rêvez.

Tonneau et baquet

Leur volume confortable – de 50 à 100 litres selon les modèles – permet de composer de ravissants décors aquatiques comprenant un choix varié d'espèces. Plusieurs tonneaux de différentes tailles peuvent être regroupés, avec des plantations différentes ou des jets d'eau.

Plantez chaque espèce dans un panier ajouré en plastique et positionnez-la sur une ou plusieurs briques empilées, pour la placer au bon niveau d'immersion. N'hésitez à personnaliser votre tonneau ou votre baquet avec une peinture microporeuse.

Avant d'utiliser le tonneau, remplissez-le puis videz-le environ cinq fois de suite pour éliminer les tanins imprégnés dans le bois. L'étanchéité se fait naturellement lorsque le bois du tonneau se gonfle d'eau. Sur un balcon, pour éviter les rinçages successifs, il est plus simple de doubler les parois intérieures du tonneau avec un film souple en plastique.

Poterie étanche

Les jarres et poteries en terre cuite et en céramique de couleur offrent une grande diversité de volumes et de formes. Elles peuvent être personnalisées avec une peinture acrylique protégée par un verni incolore. Pour les rendre étanches, bouchez les orifices de drainage avec un joint en silicone pris en sandwich entre une rondelle et un boulon. Après les avoir nettoyées, enduisez les parois intérieures d'un revêtement caoutchouté imperméabilisant. Laissez sécher puis contrôlez l'étanchéité.

Je conseille

« La terre cuite étant gélive, j'installe dans ces potées mes plantes aquatiques exotiques – nénuphar, papyrus du Nil, laitue d'eau – que je rentre à la maison, derrière une baie vitrée, pour passer l'hiver. »

Sagittaire apprivoisée dans un pot en terre cuite.

Cocktail des rivages dans une baignoire rétro.

Butomus et *Nymphaea* animent cette auge en pierre.

Récipient métallique

Il en existe de tous les styles, depuis l'ancienne lessiveuse « rétro » à la vasque contemporaine aux lignes épurées, en passant par toutes sortes d'objets, baignoire, vasque et autres récipients insolites. Très tendance, les récipients en zinc sont naturellement étanches, décoratifs et sans entretien. Amusez-vous à les regrouper sur une terrasse ou un balcon, en jouant sur la diversité des formes et des volumes.

Auge en pierre

Son charme rustique s'harmonise avec bonheur au décor aquatique. Contrôlez sa profondeur – 30 cm minimum – à l'intérieur du contenant, les parois épaisses pouvant être trompeuses. On trouve encore de vraies auges en pierre à la campagne mais dans bien des cas, on utilise des imitations – très bien faites – en pierre reconstituée. Dans les deux cas, le poids est à prendre en compte pour le transport et l'installation sur un balcon. Il convient de vérifier l'étanchéité des auges et, en cas de fuite, de passer un produit imperméabilisant sur les parois intérieures.

Pot en plastique

Une nouvelle génération de bacs en matière synthétique offre de superbes opportunités pour cultiver les plantes aquatiques. Côté déco, certains imitent de façon trompeuse la terre cuite ou le bois, d'autres arborent des couleurs plus contemporaines ou un aspect translucide. Côté pratique, ils offrent de grands volumes, sont légers, totalement étanches et insensibles au gel.

Demi-tonneau en plastique
pour un jardin d'eau sur le balcon.

Résistant, le plastique est le plus léger des matériaux. C'est un choix idéal pour aménager un jardin aquatique sur un balcon.

Bac et jardinière en bois

Solides, profonds, esthétiques, les contenants en bois sont à l'origine destinés aux plantations florales et arbustives mais il est très facile de les transformer en mini-bassins. Il suffit simplement de doubler l'intérieur d'un film souple d'étanchéité, maintenu pas une latte de fixation vissée sur le rebord supérieur des parois.

Le bois peut être peint dans des couleurs contemporaines ou traité de façon plus naturelle avec une lasure. Cela permet de personnaliser son décor et de créer des ensembles harmonieux avec un caillebotis, sur une terrasse ou un grand balcon.

mémo

C'est en chinant sur les brocantes et dans les vide-greniers qu'on trouve les récipients en zinc ou en tôle galvanisée (baignoire, cuvette, lessiveuse ...) les plus charmants et au meilleur prix.

Floraisons, feuillages et jeux d'eau en pots

Parmi les espèces à cultiver dans un jardin aquatique, une palette éblouissante s'offre à vous : de l'élégant nénuphar au mythique lotus en passant par toutes sortes de feuillages graphiques et originaux.

❶

N'hésitez à regrouper plusieurs potées et à intégrer des mouvements d'eau miniatures pour former un véritable jardin luxuriant.

Quelques propositions

Un mini-papyrus ❶

Adorable et verdoyant toute l'année, le papyrus Haspan ne dépasse pas 80 cm de hauteur. Cultivez-le dans un grand pot en terre cuite étanche rempli aux trois quarts de terre aquatique ou argileuse. Immergez le pied de la plante sous 1 à 10 cm d'eau. Placez la potée à l'abri du vent, au soleil. Rentrez-la dans une véranda hors gel durant l'hiver.

❷

La souplesse d'un roseau ❷

Franchement envahissante, cette plante de marais réussit de façon surprenante à s'établir dans son grand pot en plastique. Son feuillage élégant et graphique ressemble au bambou. À l'automne, il prend une belle coloration dorée puis reste sec et décoratif durant l'hiver.

Il suffit de le couper au ras du pot au début du printemps pour le voir repartir de plus belle. Variété conseillée : *Phragmites* 'Variegata', très lumineuse avec ses panachures dorées.

La fraîcheur d'un jet d'eau ❸

Trois vasques en terre cuite de taille différente sont réunies sur une terrasse. Une simple pompe en basse tension surélevée sur une brique est placée au fond de chaque pot et alimente un minuscule jet d'eau. Veillez à ce que la totalité de l'eau retombe dans le récipient, même en cas de vent.

Le fil d'alimentation électrique est dissimulé sous les graviers étalés sur le sol. Le délicat clapotis de ces potées aquatiques peut être programmé ou déclenché par une télécommande.

❸

Le bonheur des nénuphars ❹

Cette star des bassins s'apprivoise facilement, dans un grand pot en plastique, un réservoir en zinc ou dans un tonneau.

Choisissez une variété naine, seule capable de s'épanouir dans une faible profondeur d'eau. Préférez les *Nymphaea pygmaea* (jaune, blanc ou rouge) pour une immersion inférieure à 20 cm. Et les *Nymphaea* 'Hermine' (blanc), *N.* 'Caroliniana Rosea' (rose), *N.* 'Forebelii' (rouge), *N. odorata* 'Sulphurea' (jaune) et 'Graziella' (orange cuivré), si vous avez une profondeur d'eau entre 25 et 50 cm au-dessus du pied du nénuphar.

❹

Le bleu azur d'un *Pontederia* ❺

Installez cette belle plante amphibie dans un récipient de couleur bleue pour renforcer l'effet spectaculaire de sa floraison, tout l'été. Généreux, il sera plus à l'aise s'il est seul dans son pot, dans un mélange de terre aquatique ou argileuse enrichie d'engrais longue durée. Immersion : de 5 à 10 cm.

En automne, taillez la totalité du feuillage et les fleurs fanées. Protégez la souche sous une épaisse couche de tourbe ou du plastique à bulles en cas d'hiver rigoureux. Divisez la touffe tous les 2 ou 3 ans pour rajeunir la plante.

❺

mémo

Limitez-vous à un ou deux poissons rouges et prévoyez une solution d'hébergement pour l'hiver en cas de gel (bassin plus profond, aquarium...). Laissez les plantes se développer pendant au minimum 4 semaines avant d'introduire les poissons.

Les conditions de réussite

■ Installez les potées aquatiques à mi-ombre. En plein soleil, les feuillages risquent de griller et l'eau peut trop chauffer. Évitez cependant l'ombre totale, les plantes aquatiques à fleurs auraient du mal à s'épanouir.

■ Pour éviter le croupissement de l'eau, il suffit simplement de laisser les plantes se développer et recouvrir la surface de l'eau. Lorsque les dimensions du récipient le permettent, introduisez une plante oxygénante (*Myriophyllum, Hottonia, Hippuris*...).

■ En été, vérifiez régulièrement le niveau d'eau des pots.

Le premier été suivant la plantation, mon lotus commence à s'épanouir.

Un lotus sur votre terrasse

Apprivoisé dans un grand bac en plastique de 45 cm de diamètre et de profondeur, ce lotus s'épanouit depuis maintenant 4 ans sur ma terrasse en région parisienne. Il passe l'hiver à l'extérieur sans aucune protection. Même si la floraison n'est pas aussi abondante que dans un grand bassin, il déploie avec générosité son élégant feuillage bleuté. Cette plante gourmande demande des apports d'engrais réguliers pendant toute la période de végétation.

Cultivez le lotus seul dans son pot pour lui préserver tout l'espace dont il a besoin.

La plantation d'un lotus (en avril-mai)

❶
Remplissez un grand bac en plastique de terre de jardin sur 20 à 25 cm de hauteur. Incorporez des granulés d'engrais longue durée (Osmocote ou Aquaplant) et quelques poignées de corne broyée (engrais organique en poudre).

❷
Installez la motte du lotus délicatement sur la couche de terre enrichie d'engrais. Il s'agit d'un plant en conteneur.

❸
Remplissez de terre argileuse autour de la motte du lotus. La terre aquatique vendue en sac convient aussi. Tassez bien.

❹
Remplissez d'eau jusqu'au bord du pot. Placez la potée au soleil, dans un coin abrité du vent.

Les jardins d'eau d'appartement

Fontaines, jets d'eau, plantes aquatiques s'invitent aujourd'hui dans nos maisons. Comme à l'extérieur, ils créent des ambiances « zen » pleines de charme et s'harmonisent avec bonheur avec notre déco.

mémo

Les jardins d'eau d'appartement offrent l'avantage d'humidifier l'air et de le rendre ainsi plus respirable.

Un effet de brume ❶

Une cloche en verre remplie d'eau est installée sur un porte-plante en fer forgé. À l'intérieur, un brumisateur pour fontaine diffuse de fines particules d'eau formant un voile brumeux. Les plantes d'intérieur – asparagus, fougère, *Hypoeste* – qui d'habitude se dessèchent rapidement en appartement profitent avec bonheur de ce bain de jouvence.

❷

Une mini-fontaine ❷

Un mince filet d'eau s'échappe dans un délicat murmure au centre d'un galet percé. Ce dernier est posé sur une pierre creuse recouvrant un réservoir, également en pierre, dans lequel est installée une petite pompe immergée. L'eau circule en circuit fermé. La pompe équipée d'un transformateur fonctionne en basse tension, en toute sécurité.

❸

Un petit jardin aquatique ❸

Voici une autre idée d'utilisation de la cloche en verre posée sur son porte-plante. Remplissez-la aux trois quarts avec un terreau pour plantes aquatiques. Plantez un papyrus d'appartement (*Cyperus alternifolius*) et une myriophylle (*Myriophyllum aquaticum*). Inondez d'eau jusqu'à ras bord. Placez cette composition près d'une fenêtre, en pleine lumière.

❹

Un décor zen ❹

Il suffit de rendre étanche une belle coupelle en céramique de style japonisant. Bouchez le trou de drainage avec un joint de silicone maintenu entre une rondelle et un boulon. Enduisez les parois intérieures, au pinceau, avec un produit imperméabilisant. Remplissez d'eau. Posez en surface une belle jacinthe d'eau.

Pour égayer votre décor ponctuellement, ajoutez une fleur coupée de nénuphar, quelques tiges de papyrus ou une étoile de mer en céramique.

Choisir ses plantes de bassin

Tous les points d'eau, aussi petits soient-ils, offrent l'occasion d'apprivoiser une ribambelle d'espèces spécifiques des lieux humides. Élégantes, spectaculaires, graphiques, originales, souvent colorées, ces plantes ont le vent en poupe car elles sont généralement très faciles à vivre.

Les meilleures plantes de bassin

La diversité des plantes aquatiques est fantastique et peut faire l'objet d'un livre entier. Nous vous présentons dans ces pages les seize meilleures d'entre elles, des incontournables, adaptées aux tout petits bassins.

Astilbe

Épi d'eau

Vous n'aurez qu'un seul souci : installer ces plantes au bon endroit, au bord ou au fond du bassin, et prendre des précautions, dès la plantation, pour éviter qu'elles vous envahissent.

Astilbe

■ **Intérêts :** superbes inflorescences plumeuses, rouges, roses ou blanches de juin à septembre. Feuillage décoratif. Bel effet de couleur et de légèreté. Atteint entre 30 cm et 1 m de hauteur selon les variétés.

■ **Plantation :** sur la berge du bassin, hors de l'eau, en pleine terre ou en pot.

■ **Précautions :** toutes les expositions sont possibles à condition de toujours maintenir l'humidité du sol. Divisez les plantes tous les 3 à 4 ans.

Épi d'eau, *Aponogeton distachyus*

■ **Intérêts :** flotte à la surface de l'eau. Élégantes fleurs blanches au parfum de vanille, s'épanouissant presque toute l'année, sauf en plein été. Feuillage décoratif.

■ **Plantation :** posez le pot au fond du bassin, sous une hauteur d'eau de 10 à 60 cm. Sol riche, plutôt acide. Mi-ombre.

■ **Précautions :** risque de gel si le bassin est peu profond.

Gunnère, *Gunnera chilensis*

■ **Intérêts :** une géante d'allure tropicale et préhistorique. Immenses feuilles atteignant 2 m de diamètre. Énormes inflorescences brunes en juin-juillet. Touffe atteignant 1,50 m de hauteur et 2 m de diamètre.

■ **Plantation :** sur la berge du bassin, en pleine terre ou dans un grand pot, dans un sol riche en humus toujours humide. Mi-ombre.

■ **Précautions :** en hiver, protégez la souche sous une bonne épaisseur de paille coiffée des feuilles coupées. Les jeunes plants mis en place au printemps « grillent » très rapidement s'ils sont placés en plein soleil. Prévoyez un ombrage durant les premiers mois suivant la plantation.

Gunnère

Iris des marais, *Iris pseudacorus* 'Variegata'

■ **Intérêts :** plante à double effet, par sa floraison jaune d'or en mai-juin et son feuillage lumineux, panaché de jaune.

■ **Plantation :** sur le bord du bassin, dans un grand bac, sous 1 à 10 cm d'eau. Peut être cultivé aussi dans un tonneau. Soleil.

■ **Précautions :** la plantation en pot est préférable pour cette espèce envahissante. Coupez les feuillages au ras du sol en fin d'automne. Divisez les rhizomes en été, après la floraison, tous les 3 ans environ pour maintenir une floraison correcte.

Iris des marais

Jacinthe d'eau, *Eichhornia crassipes*

■ **Intérêts :** plante flottante. Fleurs bleu violacé, parfumées, se renouvelant tout l'été. Pétioles gonflés comme des petites bouées.

■ **Plantation :** il suffit de la déposer à la surface de l'eau et de la laisser dériver. Soleil.

■ **Précautions :** plante d'origine tropicale à installer dans une eau chaude (18 °C) et à faire hiverner dans une véranda.

Jacinthe d'eau

Jonc

Lotus

Massette

Jonc, *Juncus*

Intérêts : tiges cylindriques vert franc formant une touffe très dense et érigée (*Juncus* 'Carmans Gray') ou tire-bouchonnée (*Juncus effusus* 'Spiralis'). Graphisme intéressant. Hauteur : de 20 à 80 cm.

Plantation : dans le bassin, en pot, immergé sous 1 à 10 cm d'eau. Soleil ou mi-ombre. Convient bien en potée.

Précautions : les racines très denses et envahissantes sont à isoler absolument.

Lotus, *Nelumbo*

Intérêts : feuilles ombrelles atteignant jusqu'à 80 cm de diamètre, vert bleuté. Fleurs rondes comme des pivoines, parfumées, se hissant à plus d'un mètre de hauteur. Différentes couleurs : jaune pâle (*N. lutea* 'Flavescens'), rose (*N. nucifera* 'Osiris'), blanc (*N. nucifera* 'Alba Grandiflora'). Allure exotique.

Plantation : seul dans un bassin, une cuve, un grand pot, immergé sous 30 cm à 40 cm d'eau. Soleil.

Précautions : le rhizome doit absolument être protégé du gel, sous une hauteur d'eau suffisante ou en rentrant la potée sous abri.

Massette, plante-quenouille, *Typha minima*

Intérêts : cette espèce miniature est idéale pour les petits bassins et les potées aquatiques. Feuillage fin, dense, très graphique, se coiffant de petits épis bruns, presque ronds, en juillet. Hauteur : 60 cm. Il existe deux autres espèces identiques à celles-ci : *Typha angustifolia* et *Typha latifolia*. Ces géantes – elles atteignent 2,50 m de hauteur – sont à éviter dans les petits bassins.

Plantation : dans un bassin, en pot, ou dans une potée, immergé sous 5 à 10 cm d'eau. Soleil.

Précautions : espèce envahissante à maîtriser dans un pot. Coupez les feuillages au ras du sol en fin d'hiver.

Myriophylle, *Myriophyllum aquaticum*

■ **Intérêts :** feuillage amphibie, très dense, fin et plumeux, à la fois décoratif et oxygénant.

■ **Plantation :** dans un panier ajouré posé au fond du bassin, immergé sous 20 cm d'eau minimum. Soleil ou mi-ombre.

■ **Précautions :** espèce à grand développement mais facile à contrôler par des tailles régulières. Convient bien dans les petits bassins et les potées aquatiques.

Nénuphar, *Nymphaea*

■ **Intérêts :** une palette de couleurs très riche. Une longue durée de floraison, de mai à la fin de l'été. Un feuillage décoratif. La plus belle des plantes flottantes.

■ **Plantation :** en bac ou dans un grand panier ajouré posé au fond du bassin. La profondeur d'immersion varie selon les variétés, entre 10 et 20 cm pour les nénuphars nains et 25 à 50 cm pour les nénuphars de taille moyenne. Soleil.

■ **Précautions :** prévoyez un rempotage tous les trois à quatre ans, dans une terre argileuse, enrichie d'engrais organique (corne broyée) et de pastilles à libération lente (Osmocote ou Aquaplant).

Papyrus du Nil, *Cyperus papyrus*

■ **Intérêts :** allure exotique. Grandes ombelles de feuilles très fines portées par des tiges élancées, atteignant plus de 2 m. Cette espèce à grand développement est toutefois facile à maintenir en bac. On peut aussi opter pour la version miniature (*Papyrus Haspan*), pour un jardin aquatique sur balcon.

■ **Plantation :** en pot, immergé dans le bassin sous 10 à 30 cm d'eau. En potée aquatique. Au soleil et à l'abri du vent.

■ **Précautions :** non rustique, il doit être rentré sous abri en hiver. Il résiste parfaitement en appartement, à proximité d'une baie vitrée.

Myriophylle

Nénuphar

Papyrus du Nil

Pontédérie

Populage des marais

Prêle

Pontédérie, *Pontederia cordata*

■ **Intérêts :** tout l'été, une abondance de fleurs en épis bleu azur. Des feuilles vert tendre en forme de cœur. Un port élancé et une grande générosité.

■ **Plantation :** en pot ou dans un grand panier ajouré, dans un bassin, immergé sous 1 à 30 cm d'eau. Convient aussi en potée aquatique ou en tonneau. Soleil.

■ **Précautions :** protégez les plantations récentes des risques de gel en les descendant au fond du bassin durant l'hiver ou en protégeant la souche sous une bonne épaisseur de tourbe.

Populage des marais, *Caltha palustris*

■ **Intérêts :** c'est la plus printanière des plantes aquatiques. Les fleurs ressemblant à de gros boutons d'or s'épanouissent de mars à mai. Hauteur : 20 à 50 cm. Port tapissant.

■ **Plantation :** dans le bassin, en pot, immergé sous 5 à 10 cm d'eau. Soleil.

■ **Précautions :** il lui faut un bon volume de terre, à tendance acide, riche en humus. Taillez au ras du sol avant l'hiver et supprimez les fleurs fanées à la fin du printemps.

Prêle, *Equisetum hyemale*

■ **Intérêts :** graphisme intéressant. Feuillage persistant. Les tiges verticales et fines font penser au bambou. Aspect primitif. Hauteur : 0,60 m à 1 m.

■ **Plantation :** en pot, dans le bassin, immergé sous 5 à 15 cm d'eau. En potée aquatique. Soleil ou mi-ombre.

■ **Précautions :** la culture en pot est indispensable, c'est le seul moyen de contrôler l'extension de ses rhizomes. Évitez d'installer votre prêle dans un endroit exposé au vent, ses tiges creuses risquant de casser. Nettoyez la plante en fin d'hiver en éliminant les parties sèches.

Sagittaire, *Sagittaria sagittifolia*

■ **Intérêts :** feuilles bien dessinées en fer de lance, décoratives de mai à septembre. Fleurs blanches en été. Exubérance presque tropicale. Hauteur : de 50 à 80 cm.

■ **Plantation :** dans le bassin, en pot, immergé sous 10 à 20 cm d'eau. Ou bien en potée aquatique. Soleil.

■ **Précautions :** plante gourmande à installer dans une terre enrichie en engrais à libération lente et en humus.

Scirpe, *Scirpus lacustris* 'Albescens'

■ **Intérêts :** silhouette très graphique. Longues tiges, fines et rondes, dépourvues de feuilles, rayées de vert clair et de crème. Effet lumineux. Hauteur : de 1,50 m à 2 m.

■ **Plantation :** superbe en potée ou sur les bords du bassin, immergé sous environ 10 à 25 cm d'eau. À placer au soleil ou à mi-ombre, dans une terre argileuse. Cette plante peut être associée à d'autres espèces aquatiques (*Butomus*, myriophylle...) dans le même pot.

■ **Précautions :** les tiges fragiles peuvent facilement casser si la plante est exposée au vent ou proche des zones de passage.

Sagittaire

Scirpe

Du bord au fond du bassin, quelles plantes choisir ?

- Autour du bassin, sur la terre non immergée mais fraîche : astilbe, gunnère...
- Sur la berge du bassin, immergés sous 1 à 10 cm d'eau ou dans une potée aquatique : caltha, jonc, iris des marais, massette, papyrus, pontédérie, prêle, sagittaire...
- Flottant à la surface de l'eau, sans pot : jacinthe d'eau, laitue d'eau (*Pistia*).
- Au fond du bassin : épi d'eau, nénuphar (plantes flottantes), lotus (à isoler), myriophylle (plante oxygénante).

Côté pratique

Parmi les techniques les plus innovantes, l'énergie solaire permet de créer des mouvements d'eau sans branchements électriques. Autre avancée, les éléments proposés en kit pour réaliser fontaines, ruisseaux, cascades. Des solutions de plus en plus abordables en termes de coût et de mise en œuvre sont à notre disposition. De quoi laisser le champ libre à notre créativité aquatique.

L'étanchéité

Rendre étanche votre petit point d'eau est une priorité qu'il faut associer à l'esthétique, à la facilité de mise en œuvre, à la durée de vie et au style du projet.

La bâche imperméable souple ou liner

Elle s'adapte à toutes sortes de réalisations : petit bassin de forme géométrique ou libre, parois verticales ou en pente douce avec réserve de plantation, doublage des potées et des tonneaux, étanchéité des divers jeux d'eau, fontaine, pierre jaillissante... Une fois en place, elle se fond totalement dans son environnement et se fait oublier. Le plus souvent noire, parfois grise, cette teinte neutre accentue l'impression de profondeur du bassin et crée des reflets plus intenses.

La bâche imperméable

❶ Latte et piquets imputrescibles pour soutenir les bords de la bâche.
❷ Bâche imperméable.
❸ Feutre géotextile de protection.
❹ Berge immergée remplie de terre et plantée d'espèces amphibies.

mémo

Calculez les dimensions de la bâche :
- Longueur : la plus grande longueur du bassin + deux fois la profondeur maximale + 50 cm de sécurité.
- Largeur : la plus grande largeur du bassin + deux fois la profondeur maximale + 50 cm de sécurité.

La meilleure solution est d'adapter autant que possible les dimensions du bassin aux largeurs standard des bâches souples d'étanchéité, cela pour limiter les chutes importantes ou les soudures.

Quelle sorte de bâche choisir ?

■ **En PVC :** c'est le moins cher des matériaux d'étanchéité proposés.
- Épaisseur : à partir de 0,5 mm pour l'étanchéité des pots et les mini-bassins. De 0,8 à 1 mm pour petits et moyens bassins.
- Largeurs standard : 2 m, 4 m, 6 m et 8 m.
- Longueur : jusqu'à 25 m.
- Durée de vie garantie : 10 ans. Les trous ou coupures se réparent facilement avec une rustine et de la glue spéciale PVC.

■ **En caoutchouc synthétique (géomembrane EPDM) :** plus onéreux – presque deux fois plus cher que le PVC –, une durée de vie garantie 10 ans mais effective de plus de 50 ans, et une élasticité exceptionnelle qui facilite la pose et les finitions.
- Épaisseurs : 0,75 mm ou 1 mm.
- Largeurs standard : 3, 4, 6 m et plus.
- Longueur : jusqu'à 61 m.

Si vous utilisez des bâches ou films plastiques autres que ceux préconisés pour les bassins, vous risquez d'être déçu. Leur durée de vie est souvent moindre. Ils peuvent aussi être incompatibles avec la vie des plantes et de la faune aquatique.

Pour éviter les fuites

Il est indispensable de poser la bâche souple d'étanchéité (PVC ou EPDM) sur un feutre géotextile non tissé. Vendue en rouleau de 3 m de largeur, cette matière épaisse et imputrescible est fortement résistante aux poinçonnements. Elle forme donc un barrage efficace aux petits cailloux pointus et aux racines risquant de provoquer des lésions dans la bâche.

Je conseille

*« Même pour un petit bassin, l'**EPDM** est préférable au PVC. Il est plus résistant aux poinçonnements et aux UV. De plus, sa grande capacité d'étirement diminue la formation de plis. L'épaisseur moyenne la plus fiable est de 1 mm. »*

De la qualité de ce feutre dépend la durée de vie de la bâche. Une bâche fine sur un sol caillouteux nécessitera bien évidemment un feutre de haute densité. Et inversement, si le trou du bassin est recouvert d'une couche de sable fin, on peut choisir un feutre moins performant. Dans les conditions normales de mise en œuvre, on utilise généralement un feutre géotextile d'environ 300 g par mètre carré.

Je conseille

« Je reproche en général aux ***bassins rigides préformés*** *leur manque de profondeur et le faible volume ménagé pour les plantes de berges. Un minimum de 35 à 40 cm est nécessaire pour accueillir des poissons rouges et cultiver quelques espèces aquatiques. »*

Le bassin rigide préformé

Prêt à poser et rapide à installer, c'est, en caricaturant, la formule « clé en main » des petits bassins (jusqu'à 4 000 litres). Revers de la médaille, on s'éloigne du sur-mesure et des possibilités créatives des bâches souples d'étanchéité. Cependant, le large choix des formes et des volumes ouvre de belles perspectives pour se lancer sans appréhension dans le jardinage aquatique.

En complément des bassins proprement dits, on trouve également différents éléments de décor aquatique préformés, tels que les fontaines en kit, les ruisseaux et les cascades. Les nouvelles imitations « pierres » sont de plus en plus trompeuses.

Il est indispensable de bien masquer les bords du bassin préformé pour obtenir un effet naturel et harmonieux. Dissimulez-les habilement sous des galets, des pierres naturelles et des touffes de plantes couvre-sol (*Houttuynia*, *Polygonum affine*, *Hosta*...).

Le bassin rigide préformé

❶ Fond de sable nivelé et tassé.
❷ Zone profonde pour nénuphars.
❸ Zone en palier pour plantes amphibies.
❹ Dalles pour masquer les bords du bassin.

Quel modèle choisir ?

■ **En polyester armé de fibres de verre :** c'est le haut de gamme. Très solide, résistant au gel, proposé dans des coloris noir, vert foncé, sable ou imitation pierres, il est en général garanti entre 15 et 20 ans par le fabricant mais dure en réalité beaucoup plus longtemps.

■ **En polyéthylène :** meilleur marché, mais aussi moins résistant. Il doit absolument être posé sur un sol bien stabilisé pour éviter les contraintes en cas de gel.

La construction maçonnée

Cette solution un peu plus lourde que les précédentes est à réserver aux petites réalisations de moins de 5 m de longueur et de forme géométrique. On l'utilise en priorité pour les bassins et fontaines aux parois verticales, enterrées ou hors-sol. Elle permet de mettre en œuvre des projets très précis et sur-mesure, bien intégrés dans une terrasse ou d'autres parties maçonnées du jardin, d'une cour ou d'un patio.

Quel procédé choisir ?

■ **Le béton coulé et armé :** il nécessite un coffrage (de 15 à 20 cm d'épaisseur) sur le fond et les parois. L'étanchéité est réalisée par une couche (de 1 à 2 cm d'épaisseur) de mortier hydrofuge. On peut également utiliser un revêtement d'étanchéité spécial, étalé au pinceau en plusieurs couches comme une peinture. Il est possible d'habiller ces produits d'étanchéité avec du carrelage ou de la céramique.

■ **Les parpaings :** pour les parois uniquement, le fond du bassin étant simplement revêtu d'une couche de sable fin. Il ne reste plus ensuite qu'à réaliser l'étanchéité avec une bâche souple en PVC ou EPDM. Cette dernière peut être découpée et soudée sur place pour éviter les plis dans les angles du bassin.

Je conseille

*« Dans les **constructions maçonnées**, pour éviter les risques de fissures en cas de gel, prévoyez des parois légèrement inclinées côté terre et ne videz surtout pas votre bassin en hiver pour équilibrer les pressions. »*

La construction maçonnée

❶ Béton coulé.
❷ Revêtement d'étanchéité.
❸ Fontaine.

Les secrets d'une eau claire

Si l'eau trouble n'est pas forcément néfaste pour la vie aquatique, une belle limpidité est toujours plus esthétique et plus agréable pour voir évoluer les poissons.

Une réaction en chaîne

Lorsque le cycle biologique du bassin se déséquilibre, les matières organiques se déposent au fond du bassin en formant un tapis de vase. Cette dernière alimente la prolifération des micro-algues donnant une couleur verte ou brune à l'eau du bassin. Le phénomène s'amplifie en été, par temps ensoleillé, car l'eau s'appauvrit en oxygène, rendant moins efficace le travail des bactéries aérobies chargées de « digérer » les matières organiques.

La prévention

Limitez autant que possible les excès de matières organiques dans l'eau du bassin en évitant de planter un arbre – feuillu ou conifère – à proximité. Éliminez avec une épuisette les feuilles mortes et les débris végétaux des plantes aquatiques. Contrôlez le nombre des poissons et distribuez la nourriture par petite quantité. N'utilisez que des engrais à décomposition lente (organiques ou en granulés). Évitez les apports de terre acide (tourbe, compost et autres amendements organiques) au pied des plantes aquatiques.

Améliorez l'oxygénation de l'eau en installant au fond du bassin ou de la potée aquatique une plante immergée : *Myriophyllum*, *Potamogeton*, *Stratioites aloides* (aloès aquatique)... Un jet d'eau, une petite cascade ou un mini-ruisseau, ces aménagements décoratifs sont aussi des solutions pour favoriser l'oxygénation de l'eau.

Des jeux de cascade améliorent l'oxygénation de l'eau.

La filtration

L'installation d'un filtre de bassin contribue fortement à maintenir l'équilibre biologique. Elle est quasiment indispensable dans un bassin de faible volume (moins de 20 m^3). En revanche, dans un grand bassin naturel bien planté, avec peu de poissons, l'équilibre peut se faire sans filtration.

Le filtre agit comme une passoire en retenant les particules en suspension dans l'eau. À l'intérieur du filtre, sur des supports prévus à cet effet, de nombreuses bactéries se chargent de décomposer les déchets collectés en éléments fertilisants (nitrates) assimilables par les plantes. Durant l'hiver, la filtration peut être stoppée jusqu'au printemps suivant. Les poissons hibernent, les feuilles disparaissent et l'eau redevient naturellement plus claire. De plus, beaucoup de filtres ne sont pas garantis contre le gel. Par sécurité, vidangez le filtre avant les premiers froids.

L'installation du filtre

Veillez à ce que le point de départ de l'eau vers le filtre (là où se trouve la pompe) et son point de retour dans le

Je conseille

« J'agis avec précaution lorsque je débranche le filtre pour le nettoyer. Je maintiens le tuyau d'arrivée d'eau du filtre au-dessus du niveau du bassin, sinon celui-ci risque de se vider. »

bassin soient le plus éloignés possible. Ainsi, le maximum d'eau du bassin peut être traité par le filtre.

Calculez le débit de la pompe qui actionne la circulation de l'eau vers le filtre pour que tout le volume d'eau du bassin passe dans le filtre en 2 ou 3 heures.

La lampe UVC

Complémentaire et indissociable de la filtration, la lampe aux rayons ultraviolets (UVC) est un accessoire essentiel pour obtenir une eau limpide. Son efficacité spectaculaire apparaît environ 2 à 3 semaines après son installation. Elle agit en irradiant les cellules vivantes des algues unicellulaires et microscopiques. Elle détruit aussi les moisissures et les virus pathogènes de l'eau.

Livrée prête à l'emploi, avec un câble électrique (220 V) et des embouts de raccordement, elle se branche hors du bassin, juste avant le filtre, sur le tuyau amenant l'eau propulsée par la pompe. Très pratiques, les kits complets, avec filtre et lampe UVC intégrés, facilitent l'installation.

Adaptez la puissance de la lampe UVC aux conditions du bassin. Pour un plan d'eau exposé en plein soleil ou à l'ombre, contenant beaucoup de poissons : 2 watts par mètre cube d'eau. Pour un bassin sans problème particulier : 1 à 1,5 watts par mètre cube.

Pensez à nettoyer régulièrement le tube UVC avec une éponge pour éliminer algues et calcaire. De nouveaux modèles équipés d'une brosse à glissière facilitent cette opération. Pour un rendement optimal, respectez les prescriptions du fabricant concernant la durée de vie de la lampe (nombre d'heures de fonctionnement) et n'hésitez pas à la changer, même si elle s'allume encore.

Autres possibilités pour une eau claire

Les plantes oxygénantes

Comme ces plantes sont ancrées au fond du bassin, leur feuillage est en grande partie immergé. L'oxygène qu'elles produisent se diffuse donc directement dans l'eau.

mémo

Certains objectent que la **lampe UVC** élimine du même coup les bactéries utiles à l'équilibre biologique. Ces dernières vivent fixées sur les supports poreux spéciaux déposés au fond du bassin (zéolithe, pierre de lave...) ou dans les éléments du filtre. Elles n'entrent donc pas en contact avec la lampe UVC.

mémo

Les algues filamenteuses ou spirogyres prolifèrent parfois de façon excessive. Elles se manifestent lorsque l'eau est trop riche en éléments nutritifs. Le plus simple est de les éliminer à la main ou à l'épuisette pour les déposer sur le tas de compost. Recherchez ensuite les raisons du déséquilibre du milieu.

Les effets bénéfiques sont nombreux : la vie bactérienne est activée, les algues vertes qui troublent l'eau régressent, les poissons trouvent refuge dans leur feuillage.

Une à deux plantes oxygénantes dans un petit bassin ou un tonneau aquatique suffisent amplement. Limitez votre choix aux espèces les plus faciles à maîtriser pour éviter qu'elles colonisent tout l'espace : *Callitriche palustris*, *Hippuris vulgaris*, *Hottonia palustris*, *Myriophyllum aquaticum*, *Potamogeton natans*. Plantez-les en panier ajouré, dans de la terre argileuse. Immergez au fond du bassin.

Myriophylle.
Une belle plante oxygénante.

Les bactéries pour éliminer la vase

Elles sont commercialisées sous forme de poudre à dissoudre dans l'eau. Leur emploi régulier, deux fois par an, au printemps et en automne, est efficace si la couche de vase est encore peu épaisse. Ces produits sont compatibles avec la vie des poissons. Après un ensemencement bactérien, stoppez la filtration et débranchez la lampe UVC pendant 48 heures, le temps que les bactéries se fixent sur un support.

Le curage de la vase

Lorsque la couche de vase accumulée au fond du bassin devient trop épaisse et que l'eau reste trouble malgré tous vos efforts, cette opération doit être envisagée. Vous devrez vider le bassin, racler la vase et conditionner l'eau comme dans un nouveau bassin. Gardez toujours un petit fond de vase dans laquelle vit une grande partie des micro-organismes utiles à l'équilibre biologique du bassin.

Je conseille

« J'évite d'utiliser les produits algicides, certains étant néfastes pour les poissons. De plus, ils coûtent cher et leur action est seulement curative. Je préfère trouver d'autres solutions pour recréer un meilleur équilibre biologique. »

La pompe de bassin

Elle est le moteur de tous les mouvements d'eau décoratifs, du simple jet à la cascade en passant par le ruisseau, la fontaine, la pierre ruisselante... Elle assure aussi la circulation de l'eau vers le système de filtration.

Elle permet en effet de faire circuler l'eau en circuit fermé, sans branchement sur le réseau d'eau courante. Son rôle est d'aspirer l'eau et de la propulser vers un autre endroit plus ou moins élevé et éloigné. Son travail est silencieux et efficace. Les modèles sont adaptés à des usages spécifiques : jet d'eau, cascade, ruisseau, pierre percée, fontaine, alimentation d'un système de filtration...

Choisir le bon modèle

Pour calculer la puissance de la pompe, notez les paramètres déterminants : le volume du bassin (filtration), la hauteur du dénivelé entre le niveau de la pompe et la cascade, la longueur, la largeur et la hauteur du dénivelé pour un ruisseau, la hauteur entre la pompe et la sortie d'eau d'une fontaine.

mémo

Le débit (nombre de litres par heure) et la hauteur de refoulement sont deux paramètres essentiels pour choisir une pompe adaptée à ses besoins.

L'installation

Placez-la au fond du bassin, sur une surface stable (briques ou support spécial), légèrement surélevée pour éviter d'aspirer les dépôts vaseux, dans un endroit facilement accessible pour pouvoir la nettoyer.

Raccordez la pompe à la boîte de connexion électrique étanche placée hors de l'eau, près du bassin. Dissimulez le câble passant sur le bord du bassin avec des galets ou sous un caillebotis. Certains modèles fonctionnent en 220 volts (plus puissants), d'autres en basse tension (faible puissance).

La mise en marche peut être commandée par un interrupteur ou une télécommande. Cette dernière permet de « zapper » et d'alterner jet d'eau, cascade, filtration… Il existe aussi des pompes équipées d'un jet d'eau fonctionnant à l'énergie solaire. Dans ce cas, aucun branchement n'est à prévoir.

L'entretien

Nettoyez régulièrement le pré-filtre placé sur la bouche d'aspiration de la pompe. En hiver, débranchez-la. Vous pouvez la laisser hors service en immersion au fond du bassin si celui-ci est suffisamment profond pour la maintenir hors gel. Sinon, il faut la sortir et l'entreposer dans un seau d'eau afin d'éviter le dessèchement des joints d'étanchéité.

Il faut mesurer la hauteur entre le fond du bassin et la petite fontaine – ici grenouille sculptée – pour choisir la puissance (watts) de la pompe.

Le bassin et la sécurité

Le bassin représente un risque de noyade évident, même s'il est très peu profond ou surélevé. Un simple baquet dans lequel un enfant peut se pencher est dangereux. Toutes les mesures de sécurité sont bonnes à prendre.

mémo

Il ne faut jamais laisser un enfant tout seul à proximité d'un bassin, surtout à l'âge des premiers pas. La vigilance s'impose.

La barrière de sécurité

Elle est obligatoire pour les piscines, mais aucune législation ne l'impose autour du bassin. Une petite clôture d'environ 60 cm de hauteur suffit pour protéger les abords du plan d'eau et rassurer les parents. Il existe des solutions esthétiques : tressage de saules, haie d'arbustes, grillage couvert de plantes grimpantes, croisillons en bois...

La grille de protection

C'est une solution efficace pour protéger les petits bassins jusqu'à 15 à 20 m^2. On utilise généralement des grilles métalliques de soupiraux (grandes surfaces de bricolage et marchands de matériaux), assez discrètes mais suffisamment solides pour soutenir le poids d'un enfant. Placez la grille entre 5 et 10 cm sous la surface de l'eau, de manière à couvrir la totalité du bassin à l'exception des berges plantées. Masquez-la avec quelques galets et laissez les plantes flottantes traverser les mailles. Prévoyez des renforts de parpaings empilés pour la soutenir.

Les berges plantées

Aménagez les berges du bassin en palier large et plat de façon à former une zone marécageuse peu profonde garnie de plantes de rivage, de galets, de rochers... Évitez les berges abruptes et les surfaces glissantes (traverses, dalles lisses, pierres moussues...).

Sous la surveillance des parents,
le bassin est un vrai bonheur !

Calendrier d'entretien

Au printemps

- Éliminez les protections hivernales sur les plantes de berge fragiles.
- Remontez, juste sous la surface, les conteneurs descendus au fond du bassin pour passer l'hiver hors gel (nénuphar, pontédérie...).
- Taillez les feuillages abîmés par le froid.
- Divisez et rempotez les anciennes plantes aquatiques.
- Installez de nouvelles plantations dans le bassin et les potées aquatiques.
- Mélangez dans l'eau des bactéries agissant contre la formation de vase et d'algues.
- Nourrissez les poissons lorsque la température est supérieure à 10 °C.
- Remettez en marche pompe, filtre et lampe UVC.

En été

- Contrôlez la température de l'eau. Au-dessus de 25 à 30 °C, ajoutez de l'eau fraîche.
- Surveillez le niveau d'eau du bassin et des potées aquatiques. Compensez les pertes dues à l'évaporation.
- Déposez à la surface du bassin les plantes flottantes non fixées.
- Poursuivez les plantations en conteneur : nénuphar, lotus, plantes vivaces de berge.
- Nettoyez les plantes de berge fanées.
- Taillez et bouturez les plantes oxygénantes ayant pris trop d'ampleur.
- Éliminez les algues filamenteuses.
- En cas de fortes chaleurs, douchez de temps en temps les plantes du bassin pour les rafraîchir.
- Arrosez régulièrement les plantes de berge risquant de manquer d'eau.
- Éliminez les insectes nuisibles.
- Nettoyez régulièrement le filtre et la pompe.
- Nourrissez les poissons.

En automne

- Ne laissez pas les feuilles mortes se décomposer dans l'eau du bassin. En cas de chute importante, tendez un filet de protection au-dessus du bassin.
- Taillez les feuilles et les fleurs fanées des plantes flottantes et amphibies.
- Rentrez dans une véranda les plantes aquatiques gélives.
- Descendez au fond du bassin les plantes cultivées en conteneur, pour protéger leurs rhizomes du gel.
- Taillez les tiges et les feuillages séchés des plantes de berge. Protégez du gel les espèces gélives sous un paillis ou une couche de tourbe.
- Nourrissez les poissons avec des aliments plus riches en protéines et en graisses.
- Débranchez et nettoyez la pompe. Laissez-la dans l'eau, à un niveau hors gel.
- Nettoyez et vidangez le filtre. Rentrez la lampe UVC.

En hiver

- Arrêtez de nourrir les poissons.
- Une prise en glace totale de la surface ne pose pas de problème aux poissons s'il leur reste suffisamment d'eau au fond du bassin et si le gel ne dure pas trop longtemps.
- Pour ouvrir une brèche dans la glace, faites simplement fondre la glace en y posant une bouilloire d'eau chaude.
- Pour éviter une prise en glace totale, vous pouvez déposer dans l'eau une bouteille en plastique.
- On peut aussi mettre en place une petite pompe munie d'un flotteur qui remonte l'eau du fond vers la surface, créant ainsi une zone non prise dans la glace.
- Si la glace est recouverte par la neige, éliminez cette dernière pour laisser la lumière pénétrer dans l'eau.

Index

Acore, 17
Alchémille, 11
Algue filamenteuse, 70
Alocasia, 33
Aloès aquatique, 68
Ancolie, 23
Aponogeton distachyus, 56
Ardoise, 16
Asparagus, 53
Astilbe, 13, 56, 61
Auge en pierre, 46

Bac, 47
Bâche d'étanchéité, 10-38, 64, 65
- en EPDM, 65
- en PVC, 65
Bactérie, 71
Bambou, 35
Baquet, 45
Bassin rigide préformé, 14, 22, 40-41, 66-67
Béton, 10, 14, 16, 24, 26, 32, 36, 38, 67
Boîte de raccordement électrique étanche, 10-38, 72
Brique, 14, 26, 32
Buis, 35

Caillebotis, 30
Callitriche palustris, 71
Caltha palustris, 39, 60, 61
Cardamine des fontaines, 17
Carex, 13, 16, 33
Cascade, 66, 68, 72
Ciment, 12, 26, 32
Construction maçonnée, 67
Cornouiller, 21
Cresson de fontaine, 24
Cuve, 36
Cyperus alternifolius, 53
C. papyrus, 59

Dalle, 24, 26, 36, 40
Dicentra formosa, 15

Eau claire, 68-71
Eichhornia crassipes, 57
Enfant, 74
Entretien, 76-77
Épi d'eau, 56, 61
Equisetum hyemale, 60
Érable japonais, 21, 35
Erigeron mucronatus, 11
Étanchéité, 64-67

Feutre géotextile, 10-38, 65
Filtration, 69
Filtre, 16, 30, 69
Fontaine, 26-27, 34, 52-53, 72
Fougère, 13, 17, 19, 23, 53
Fraisier des bois, 17

Galet, 12, 18, 22, 28, 30, 32, 40
Géranium vivace, 39
Glycérie, 16
Graminée, 35
Graviers, 12, 18, 36
Grille métallique de protection, 28, 74
Gunnera chilensis, 33, 57
Gunnère, 57, 61

Helxine, 13, 19, 27
Hippuris vulgaris, 50, 71
Hosta, 13, 15, 17, 39, 66
Hottonia palustris, 50, 71
Houttuynia, 13, 66
Hypoeste, 53

Iris d'eau, 25, 39
- de Sibérie, 15
- des marais, 31, 57, 61
- du Japon, 13
Iris laevigata, 41
I. pseudacorus 'Variegata', 57

Jacinthe d'eau, 53, 57, 61
Jardinière, 47
Jarre, 45
Jet d'eau, 28, 49, 52-53, 68, 72
Jonc, 16, 17, 29, 58, 61

Kit en bois, 28

Laitue d'eau, 27, 61
Lampe UVC, 30, 70
Larmier, 38
Latte de fixation en azobé, 10
Lavande, 11
Lentille, 27
Lierre, 23, 27
Lotus, 36-37, 50-51, 58, 61

Margelle, 32
Mascaron, 26
Massette, 16, 58, 61
- naine, 17
Menthe, 23
Meule, 22
Mini-massette, 31
Mini-papyrus, 48
Mousse, 19
Myriophylle, 39, 50, 59, 61, 68
Myriophyllum aquaticum, 53, 59, 71

Nandina domestica, 21
Nelumbo, 58
Nénuphar, 15, 31, 33, 39, 49, 59, 61
Nymphaea 'Caroliniana Rosea', 49
N. 'Forebelii', 49
N. odorata 'Graziella', 49
N. odorata 'Sulphurea', 49
N. pygmaea, 49
N. 'Hermine', 49

Ophiopogon, 15

Papyrus, 61
- du Nil, 59
Parpaing, 20, 38, 67
Phragmites 'Variegata', 48
Pierre de l'Argentière, 18
Pierre plate, 10, 18
Pistia, 61
Plante oxygénante, 71
Plante-quenouille, 58
Poisson, 68, 76-77
- rouge, 50
Polygonum affine, 66
Pompe, 10-38, 72-73
Pontederia cordata, 60
Pontédérie, 31, 49, 60, 61
Populage des marais, 60
Pot, 20-21
Potamogeton natans, 71
Potamogeton, 68
Potentille 'Abbotswood', 11
Poterie, 45
Prêle, 17, 19, 31, 35, 60, 61
Primevère, 13
Produit algicide, 71

Récipient en zinc, 46
Regard en béton, 24
Renouée, 13, 39
Rhododendron nain, 23
Rhubarbe d'ornement, 13
Roseau, 16, 48
Ruisseau, 12-13, 66, 72

Sagittaire, 11, 17, 61
Sagittaria sagittifolia, 61
Scirpe, 61
Scirpus lacustris 'Albescens', 61
Sécurité, 74
Stratioites aloides, 68

Thym, 17
Tonneau, 45
Trolle, 13
Typha minima, 58

Vase, 71

Carnet d'adresses

Agriline,
89 route de Mulhouse, 68720 Illfurth. Tél 03 89 07 06 45.
www.agriline.fr (bassins, bâches, piquets et lattes, pompes, fontaines, filtres...).

Aquatique de la Moine,
44190 Gétigné. Tél 02 40 54 74 65.
www.aquatiquedelamoine.fr (plantes aquatiques).

Bradstone,
www.bradstonefr.com (bassins, fontaines, margelles en pierre reconstituée).

Intermas Gardening,
13 route de Preaux, 53340 Ballée. Tél 02 43 64 14 14
(fontaine, bâche, éclairage étanche, filtre...).

Le Jardin d'Eau,
Les Biez, 22980 St-Michel-de-Plélan. Tél 02 96 27 08 43
(plantes aquatiques).

Les Jardins Aquatiques,
Moulin des Vernes, 01140, St-Didier/Chalaronne. Tél 04 74 04 03 09.
www.lesjardinsaquatiques.fr (centre d'exposition et spécialiste bassin)

Les Jardins Aquatiques d'EJ 3,
Le Puy Fondu, 78125 Gazeran. Tél 01 30 88 75 57.
www.ej3.fr/espace.asp (centre d'exposition et spécialiste bassin).

L'Oasis,
48 avenue de la Paix, 89000 St-Georges-sur-Baulche. Tél 03 86 94 23 95.
www.loasis-boutique.com (centre d'exposition et spécialiste bassin).

Oase,
www.oase-livingwater.com (pompe, filtre, fontaine, éclairage, jet d'eau...).

Remerciements

À tous les propriétaires de jardins et aux paysagistes qui m'ont ouvert les portes de leur jardin.
p. 9-10 : paysagiste Pierre-Alexandre Risser – p. 16-17 : paysagiste Anny König –
p. 18-19 et 20-21 : création Espace Jardin – p. 26-27 : paysagiste Hugues Peuvergne –
p. 34-35 : paysagiste Sonja Gauron – p. 36-37 : création Jean-Pierre Bouttin –
p. 38-39 : paysagiste Guy Lainé.

Dans la collection la Vie en vert

1. 12 mois au jardin **2.** Cultiver les petits fruits **3.** 30 fleurs pour le balcon
4. Des roses pour le jardin **5.** 30 massifs à créer **6.** Semer, greffer, bouturer...
7. Les champignons des bois **8.** Les champignons des prés **9.** Les plantes de la maison
10. Choisir et planter un arbre **11.** Créer un petit potager **12.** Réussir un jardin de ville
13. Arbres et arbustes du soleil **14.** Les couleurs au jardin **15.** Une ruche au jardin
16. Élever des lapins **17.** Une vigne au jardin **18.** Les bulbes à fleurs
19. Parasites : les traitements bio **20.** Les astuces du jardinier
21. La cuisine des Savoyards **22.** Jardiner « bio » **23.** Pelouses et couvre-sol
24. Des arbres pour le balcon **25.** La cuisine des Bretons **26.** La cuisine des Provençaux
27. Élever des poules **28.** Les plantes de véranda **29.** Bien tailler ses arbres fruitiers
30. Les aromatiques en pot **31.** Bien tailler ses arbustes à fleurs **32.** Créer un petit verger
33. Bien soigner ses plantes d'intérieur **34.** Les bonnes associations au potager
35. Arroser sans gaspiller **36.** L'éclairage au jardin **37.** Découvrir les orchidées
38. Les oiseaux du jardin **39.** Les petites charcuteries **40.** Les pains maison
41. 12 mois au potager

Crédits photographiques

Toutes les photos sont de l'auteure.

Illustrations : Michel Sinier

Avec la collaboration de Christine Grall
Conception graphique : Éric Mouton
Réalisation : Véronique Sommeilly / S puissance 3
Suivi de fabrication : Anne Floutier(F08004)

Photogravure : Altavia Lille
Achevé d'imprimer en février 2008
Imprimé en Espagne par Mateu Cromo